EL ARTE DE KAIROS

EL INSTANTE PERFECTO

Novus Mex

INTRODUCCION

Kairos: ese chispazo de sincronía donde una idea, una intención y la corriente misma de la vida convergen en un solo segundo irrepetible. Los antiguos lo describían como la abertura diminuta por la que se mueve una flecha imparable; los visionarios de hoy lo reconocen como el momento perfecto para actuar con conciencia, visión y poder.

Una ruta con alma y con ciencia

En las páginas que siguen hallarás mucho más que un "manual de productividad". Encontrarás una travesía que entreteje estrategia de negocios, neurociencia, filosofía y una mística profunda de expansión personal.

Cada módulo es una estación de viaje.

Cada ejercicio, una llave que abre puertas internas y externas.
Kairos marca el compás estratégico la danza entre el instante oportuno y la acción certera.

Zentia sostiene la conciencia, la brújula que evita que crezcas hacia afuera mientras te vacías por dentro.

Un espacio para escribir, medir, soñar y ejecutar con precisión quirúrgica.

Una promesa de fuego tranquilo

Si avanzas, no solo construirás una vida productiva; forjarás un nuevo paradigma de liderazgo: silencioso cuando conviene, ruidoso cuando impacta, siempre alineado con valores irrenunciables.

Y entenderás, quizá por primera vez, que la verdadera riqueza no es acumular trofeos de facturación ni exhibir métricas vacías, sino conquistar tiempo consciente, energía enfocada y paz mental para crear tu vida soñada.

Un pacto con el lector

No pretendo convencerte; pretendo convocarte.
A mirar las pantallas con ojos de alquimista.
A honrar lo natural en un mundo digital.
A recordar que cada herramienta es tan noble como la intención de la mano que la empuña.

Al tomar este libro aceptas un pacto:
Dejar de reaccionar y empezar a diseñar tu propio tablero de juego.
Aceptar que la coherencia será tu métrica más alta.
Que el silencio estratégico será tu aliado.
Que la simplicidad será tu lujo.
Y que la expansión será inevitable cuando tu energía se alinee con tu propósito.

Comienza el momento perfecto

Cruza esta primera página como quien cruza la proa de un navío al amanecer: con la certidumbre de que el mar es vasto, pero tu rumbo es impecable.
Siente la brisa, es la inteligencia aplicada que te susurra posibilidades infinitas.
Respira hondo, es Zentia recordándote que sigues siendo humano.
El reloj de Kairos ya marcó la hora.
Ahora te toca a ti tensar la cuerda, apuntar al horizonte, soltar la flecha…
y mirar cómo el universo coopera con quien actúa en el momento perfecto.
Bienvenido a tu propia sincronía.
Bienvenido a El Arte de Kairos.

Esta no es una guía. Es una revolución interna.

Es una revolución personal y sistémica.

No es un manual para hacer más.
Es una bitácora para *ser más*: más consciente, más libre, más estratégico.

Aquí no vienes a buscar herramientas.
Vienes a reclamar tu tiempo, tu energía y tu visión.

¿Para quién fue escrita esta obra?

Para quienes ya no quieren vivir en piloto automático.
Para quienes sienten que están hechos para algo más grande... y distinto.

El sistema más imporante... eres tú

Antes de pensar en inteligencia artificial, automatizaciones o flujos digitales, hay un sistema que debes entender, honrar y diseñar: **tú**.

- Tu cuerpo.
- Tu mente.
- Tu energía.
- Tu naturaleza.

Tu cerebro procesa más que cualquier algoritmo.
Tus sentidos perciben más que cualquier pantalla.
Tu intuición ha evolucionado durante millones de años.
Y tu capacidad de crear vida literal y metafóricamente es la tecnología más sublime que existe.

La verdadera inteligencia no comienza en un software.
Comienza en tu conciencia.

Zentia: la brújula interior

Mientras *Kairos* representa el momento perfecto,
Zentia representa tu centro.

Tu capacidad de observar, sentir y decidir desde lo humano.

Zentia te recuerda que automatizar no es volverte máquina, es liberarte para ser más humano que nunca.

PARTE I

Fundamentos de Consciencia y Energía

Tu riqueza comienza en lo invisible: energía, sincronía y presencia.

MÓDULO 1 – Tu Energía Vale Más que tu Esfuerzo

Imagina el instante en que el sol besa el horizonte y el mar se torna oro líquido. Ese destello ocurre sin pedir permiso: oportuno, poderoso, inevitable. Así se manifiesta la energía cuando brota de su fuente natural.

Me dirijo a donde todo inició; En mi caso nací de 6 meses, desde ahi la situación se puso dificil, mucho tiempo pensé "¿Por qué?", ahora entiendo que no fue algo malo, solo era parte un aprendizaje para mi cuerpo, mente y alma.

Principio Maestro

«La inteligencia aplicada nace en cada célula y se expande a la velocidad de tu propósito.»

Tu energía es la moneda más escasa del siglo XXI.
Tiempo sin energía engendra ansiedad.
Dinero sin energía produce carga.
Estrategias sin energía quedan en ideas huérfanas.

La neurociencia demuestra que la corteza prefrontal (sede de la planificación estratégica) pierde eficacia cuando el cuerpo vive en estrés crónico.
No es falta de talento: es déficit de voltaje interno.

(Recuerda que tienes espacio para escribir tus pensamientos, esto no es solo para leer, es para aprender, compartir y practicar)

El Poder de lo Natural

Tu cuerpo es una biofábrica de electricidad y química fina. Algunos activadores son:

- **Luz solar matutina**: regula tu reloj circadiano y optimiza neurotransmisores motivadores.

- **Respiración consciente (ritmo 4-7-8)**: restablece el sistema parasimpático y amplifica la claridad cognitiva.

- **Movimiento primigenio**: caminar descalzo, estirar y conectar con la tierra reactiva redes neuronales de creatividad.

- **Nutrición sensorial**: aromas de cítricos o romero elevan hasta 20 % la retención de información según estudios controlados.

Integra la naturaleza a tu gusto y tu cuerpo responderá con vitalidad exponencial.

Mapa de Vitalidad Kairos

En esta sección comenzarás a reconocer qué hábitos, pensamientos y espacios te nutren y optimizan tu productividad, por ejemplo:

Energía interna (cuerpo-mente):
- Sueño reparador
- Hidratación constante
- Balance hormonal

Energía focal (atención):
- Bloques de trabajo profundo de 90 minutos
- Descansos conscientes

Energía expansiva (propósito):
- Proyectos que encienden tu sistema límbico y generan significado

Cada tarea debe fortalecer al menos
uno de estos tres círculos.

Ejercicio 1: Escaneo Sensorial de Energía

Objetivo: identificar fugas invisibles y restaurar tu estado en tiempo real.

1. Detente 90 segundos.
2. Cierra los ojos y recorre tus cinco sentidos:
   - **Vista:** ¿qué color domina tu entorno?
   - **Oído:** ¿qué sonido constante podrías silenciar?
   - **Olfato:** ¿qué aroma añadiría claridad?
   - **Tacto:** ¿qué parte de tu cuerpo pide movimiento o relajación?
   - **Gusto:** ¿agua fresca o fruta viva reactivaría tu glucosa?

Registra una micro-acción por sentido.
Ejecuta la más sencilla antes de continuar tu jornada.

Ejercicio 2: Mapeo de Energía Productiva 2.0

1. Enumera 10 actividades que realizaste la semana pasada.
2. Marca con una paloma las que **encienden** tu energía.
3. Marca con un tache las que **la drenan**.
4. Para cada actividad negativa decide si puede:
   - automatizarse
   - delegarse
   - eliminarse

   Elige una y toma acción hoy mismo.

Cada tarea liberada crea un espacio donde tu genio respira.

Storybox: De Agotada a Incansable

Cuando tenía 21 años decidí dejar mi trabajo estable, ese trabajo que todo mundo sueña, un trabajo ejemplar, donde podía aprender, crecer y ayudar a mi país, sin embargo noté que no me sentía lo suficientemente completo, ¿qué pasó? no solo cambié de trabajo, cambié mi vida y ahi comencé la historia que yo mismo decidí escribir.

Micro-Hábitos de Alto Voltaje

- Ritual AM "Luz + Movimiento": cinco minutos de sol directo y estiramiento dinámico.
- Bloque Kairos: ejecuta la tarea de mayor impacto en tu primera hora de mayor energía.
- Pausa 20-20-2: cada 20 min, mira 20 seg a 6 metros de distancia.
- Desconexión crepuscular: una hora sin pantallas antes de dormir para restaurar melatonina.

Reflexión Integradora

Lo esencial impulsa.
Lo sencillo permanece.
Lo estratégico libera.

Tu presencia funciona como un interruptor:

- encendida, ilumina sistemas completos
- apagada, deja algoritmos huérfanos

Protege tu foco como la chispa que enciende un fuego sagrado.

Puerta al Módulo 2

Has recuperado tu fuerza primordial.
Ahora estás listo para afinar la puntería temporal y disparar cuando el universo y tu visión estén alineados.
Siguiente destino: Módulo 2 – Kairos: El arte de operar en el momento perfecto.

MÓDULO 2

El Arte de Operar en el Momento Perfecto

Precisión, sincronía y visión aplicada.

Introducción

El mundo no se mueve a la velocidad del reloj, sino al pulso de las oportunidades.

Mientras la mayoría corre detrás del tiempo, los estrategas lo moldean.

Este módulo revela cómo afinar tu percepción para convertir cada segundo en un disparador de expansión.

No se trata de hacer más; se trata de elegir **cuándo**.

> «El arquero maestro respira, espera y suelta justo cuando el viento se calla.»

1. La Ciencia del Instante

Chronos es la línea que avanza sin pausa.
Kairos es la ventana donde tu energía y tu claridad se alinean.

- Tu cerebro libera picos de dopamina cuando percibe coherencia entre intención y acción.
- Esa química interior es la señal de que llegó el momento de actuar.

Ejemplo Natural:
Las tortugas marinas no ponen sus huevos "algún día", sino en la noche exacta en que la marea y la luna protegen la vida.

Antes de dar un paso, piensa que es lo que quieres, como lo vas a hacer y simula escenarios, ahi encontrarás tu kairos.

2. Marco 4D para Decidir con Precisión

- **Datos** ¿Qué señales objetivas respaldan la oportunidad?
- **Dirección** ¿Esta acción refuerza tu visión?
- **Disponibilidad de Energía** ¿Tienes foco, equipo y recursos listos?
- **Detonador de Impacto** ¿Qué efecto tangible generará en 90 días?

Si las cuatro casillas están claras, actúa. Si alguna falla, ajusta antes de avanzar.

3. Ritual "Radar de Oportunidad" (60 min/semana)

1. **Silencio Inicial (5 min):** Respiración y quietud.
2. **Lectura de Señales (15 min):** Métricas, tendencias, feedback.
3. **Mapa de Influencia (20 min):** Conecta datos con tus objetivos trimestrales.
4. **Selección de Acción (15 min):** Elige UNA acción clara y definible.
5. **Cierre Somático (5 min):** Escucha tu cuerpo. Si hay tensión, no es el momento Kairos.

4. Integración Sensorial

- **Vista:** Observa patrones de comportamiento en tu entorno.
- **Oído:** Silencia notificaciones; escucha lo importante.
- **Olfato & Gusto:** Crea anclajes con aromas y sabores.
- **Tacto:** Usa un objeto ancla que te recuerde mantener el foco.

5. Caso Vivo: Trabajo y emprendimiento

Cuando decidí que quería ser emprendedor me di cuenta que antes necesitaba aprender, experimentar, sentir; Y sabía que no iba a ser facil tener tiempo para hacerlo mientras emprendia, por lo que recurrí a buscar un trabajo que me permietera hacerlo, en ese trabajo observe y disfrute cada uno de los dias, despues de un año estaba listo, no solo aprendí lo suficiente, viví uno de los mejores años de mi vida con los 5 sentidos al máximo

6. Checklist de Sincronía

1.- Tengo claridad de datos
2.- La acción fortalece mi dirección
3.- Tengo disponibilidad real de energía
4.- Hay un detonador de impacto claro

Si no marcas las cuatro casillas, todavía no es tu momento.

Inspiración Final

El momento perfecto no es suerte. Es presencia. Es escucha. Es ciencia del instante.
Cuando lo dominas, dejas de ser pasajero del tiempo y te conviertes en su arquitecto.

Puerta al Módulo 3

En el siguiente módulo, aprenderás a mantener tu humanidad al centro de cada automatización.
Porque escalar sin perder el alma es la verdadera evolución inteligente.

MÓDULO 3 – Zentia

Conciencia Humana dentro de un Sistema Digital
Automatiza con propósito. Escala sin perder tu esencia.

1. Puerta de Entrada

Imagina un sistema tan eficiente que libera horas de tu agenda... pero tan consciente que nunca te deja olvidar **por qué** vale la pena vivirlas.

Ese puente es **Zentia**: la voz interna que cuida el alma de tu ecosistema inteligente.

Aquí entenderás que tecnología y humanidad no compiten; se potencian.
Que cada automatización debe expandir tu energía, no amputar tu conexión.

*La eficiencia sin consciencia es esclavitud
con interfaz elegante.*

2. ¿Qué es Zentia en el Universo Kairos?

- Es tu **centro operativo emocional y ético**.
- Es la **presencia** que sostiene tu productividad.
- Es el **recordatorio** de que todo lo automatizable no necesariamente debe automatizarse.
- Es la fuerza que te mantiene humano… mientras diseñas sistemas brillantes.

3. El Manifiesto Zentia

- **La productividad sin consciencia es esclavitud con otro nombre.**
- **El propósito precede a la plataforma.**
- **La empatía también se mide.**
- **El descanso financia la creatividad.**
- **Cada dato representa a una persona: trátalo con respeto.**

4. Sinergia Kairos + Zentia

- **Kairos** decide *cuándo* actuar.
- **Zentia** recuerda *desde dónde* lo haces..

5. Historia-Espejo:

A Los 26 años ya operaba 4 negocios, mis ingresos aumentaron… y mi ansiedad también.

Activé Zentia con tres preguntas diarias:

1. ¿Para quién creo esto?
2. ¿Qué sentirán cuando lo reciban?
3. ¿Qué siento yo al entregarlo?

Resultado:

- Negocios con propósito.
- Aumento de empatía.
- Claridad en toma de decisiones.

Moral Solida: eficiencia sin conciencia es expansión que vacía.

6. Ritual Zentia Semanal

Una práctica para volver al centro en medio del flujo digital:

1. Elige un momento de la semana (ideal: domingo o viernes tarde).
2. Respira hondo 3 veces.
3. Escribe tres cosas que agradeces.
4. Implementa 3 acciones inmediatas.
5. Ajusta con intención.

*La conciencia se cultiva con pequeñas
observaciones consistentes.*

Puerta al Módulo 4

Prepárate para redefinir lo que realmente significa ser rico.
Porque después de alinear momento (Kairos) y conciencia (Zentia), descubrirás que los verdaderos dividendos no se cuentan solo en ingresos, sino en espacio, paz y poder interno.

PARTE II

Expansión Interna y Poder Personal

No se trata de tener más, sino de sostener lo esencial con poder auténtico.

MÓDULO 4 – La Verdadera Riqueza

Tiempo, claridad, energía y paz como pilares de tu expansión.

Imagina a un navegante que, tras años persiguiendo cofres llenos de oro, descubre una bahía silenciosa donde el atardecer le regala tiempo, el mar le inspira claridad, la brisa recarga su energía y el cielo le ofrece paz.

Ese instante vale más que todo el oro que traía en la bodega.
Eso es riqueza Kairos: **abundancia interna que transforma cualquier escenario externo**.

2. Redefiniendo Riqueza

En nuestro ecosistema, el dinero es **consecuencia**.
La causa primera son estos cuatro pilares:

- Tiempo disponible
- Claridad estratégica
- Energía vital
- Paz mental

Cuando esos pilares están plenos,
el dinero fluye como **aliado**, no como tirano.

3. Cambia la Lógica: de "Ganar Más" a "Vivir Mejor"

Viejo circuito:
Trabaja más → Gana más → Gasta más → Necesita más → Repite

Circuito Kairos:
Piensa mejor → Actúa con conciencia → Automatiza con propósito → Gana tiempo → Crea expansión real

4. Ejercicio – Tu GPS de Abundancia

Toma una libreta y responde sin filtros:
- ¿Qué significa para mí vivir en abundancia?

- ¿Qué personas, hábitos o proyectos me recargan de energía?

- ¿Qué mantendría, incluso si no generara ingresos?

- ¿Qué soltaría, incluso si hoy produce dinero?

No edites tus respuestas. Obsérvalas.
Ahí se dibuja tu nuevo mapa de riqueza.

5. Microacciones Estratégicas

- Reprograma una reunión innecesaria → y dedica ese tiempo a lectura inspiradora.
- Elige una mañana a la semana sin interrupciones para cuidar tu foco.
- Evalúa tus gastos y elimina uno que drene energía más que valor.
- Cierra un día laboral con gratitud, no con culpa.

La verdadera abundancia comienza con la forma en que eliges vivir tus minutos.

6. Reflexión Zentia

**"No es libertad si te desconecta.
No es éxito si te arrebata la paz.
No es abundancia si traiciona tu energía."**

Zentia te recuerda que la verdadera grandeza
se siente en el pecho antes que en la cuenta bancaria.

Un negocio expandido y un espíritu contraído es la peor de las trampas.

7. El Acto Valiente de Soltar

Cuando puedes afirmar:

- "Hoy no trabajo, y está bien."
- "Este cliente ya no resuena con mi propósito."
- "Elegí menos ingresos, pero más serenidad."

…has conquistado un nivel de riqueza que **ningún mercado puede devaluar**.

8. Inspiración

La verdadera riqueza es un estado interno que se refleja externamente.
Desde aquí, tu misión no es acumular más,
sino sostener tus pilares con determinación.

Puerta al Módulo 5

Has clarificado lo esencial.
Ahora aprenderás a cultivar silencio como estrategia expansiva.
Dejarás que tus resultados hablen tan alto que tu voz pueda guardar reposo.

Siguiente módulo: El Silencio como Estrategia.

MÓDULO 5 – El Silencio como Estrategia

Construye sin ruido, comunica desde la presencia.

Introducción

Vivimos en un océano de estímulos donde cada segundo compite por nuestra atención.
En ese mar de voces, **Kairos te invita a abrazar el silencio como un acto de poder**:
el espacio donde tu energía se recarga, tu visión se afila
y tu mensaje madura hasta volverse imposible de ignorar.

Regla Kairos #5: Habla menos, impacta más.

1. El Silencio como Posición Estratégica

- **Conserva la energía creativa.**
  Cada palabra no dicha ahorra combustible mental para cuando realmente importan las palabras.

- **Crea expectativa natural.**
  Las pausas abren la puerta a la curiosidad: la mente humana desea completar vacíos.

- **Favorece la escucha profunda.**
  Quien calla puede leer el tablero: tendencias, emociones, motivaciones escondidas.

Insight Zentia: El silencio consciente no es retraimiento social; es amor propio convertido en disciplina táctica.

2. Diagnóstico de Ruido Personal

Reflexiona sobre estas señales:

- Publicas por obligación, no por transformación.
- Respondes mensajes de inmediato por miedo a "perder oportunidad".
- Consumes contenido sin propósito claro.
- Necesitas opinar en todo debate para sentirte presente.

Si te identificas con dos o más, tu voz se diluye.
Es momento de cultivar silencio estratégico.

3. Arquitectura del Silencio

- **Bloques de Quietud Operativa**
  Reserva 30 minutos diarios sin apps ni notificaciones.
  Usa ese tiempo para observar métricas, emociones y dirección interna.

- **Circuito Hablar-Hacer-Medir**
  Hablar: Mensaje condensado → precisión.
  Hacer: Acción coherente con el mensaje → credibilidad.
  Medir: Resultados hablan → autoridad silenciosa.

Ritual de Pre-Publicación

Antes de compartir contenido, pregúntate:

1. ¿Necesita existir esta pieza?
2. ¿Multiplica el beneficio frente al espacio que ocupa?
3. ¿Puede decirse con menos palabras sin perder poder?

Si alguna respuesta es "no", **elige el silencio y refina**.

Inspiración

Respira la quietud que el mundo teme.
Allí, tu visión se vuelve audaz, tu mensaje flecha y tu presencia imán.

Habla solo cuando tu voz pueda mover montañas.
Calla cuando el eco sea suficiente para seguir construyendo.

El silencio, bien orquestado, no es vacío.
Es el lienzo donde pintarás tu próxima jugada maestra.

Puerta al Módulo 6

*Ahora que gobiernas el espacio entre un latido y otro,
llegó el momento de aliarte con la tecnología.
Pero sin perder el alma en el intento.*

MÓDULO 6 – Buenas Prácticas de IA para Potenciar tu Mente

La inteligencia artificial como catalizador de tu genialidad humana.

Introducción

La tecnología avanza a la velocidad de un rayo; tu esencia, a la profundidad de una raíz.

En Kairos entendemos que ni el rayo ni la raíz ganan por separado: **el rayo ilumina, la raíz sostiene**.

Este módulo es tu compás para alinear ambos polos.
Aquí aprenderás a usar la IA y las herramientas digitales como **extensiones conscientes de tu mente**, nunca como sustitutos de tu propósito.

La IA como Aliada Mental

Regla Kairos: La herramienta expande lo que tienes claro; si no hay claridad, expande la confusión.

IA no es el enemigo. Tampoco es el mesías.
Es una multiplicadora de intención: te devuelve lo que le das.

Cinco Principios Kairos para Herramientas Digitales

1. **Estrategia antes que software**
   No adoptes tecnología por moda: implémentala si resuelve un dolor real.
2. **IA como oráculo, tú como brújula**
   Deja que sugiera rutas, pero el camino lo eliges tú.
3. **Automatiza tareas, custodia relaciones**
   Lo repetitivo puede ser robotizado. Lo humano, no.
4. **Simplicidad funcional**
   Si la curva de aprendizaje es más alta que el beneficio, **no sirve**.
5. **Alimenta con visión**
   La IA devuelve la intención que recibe.
   Entrégale contexto, propósito y límites claros.

Reflexión Zentia

La auténtica evolución ocurre cuando lo tecnológico enriquece lo humano.

Cada vez que un algoritmo te ahorre tiempo,
invierte ese tiempo en lo que nadie puede replicar:

- Tu imaginación
- Tu presencia
- Tu capacidad de amar y liderar

Pregúntate: **"¿Esto me representa?"**

Si la respuesta es sí, adelante.
Si dudas, aún no es el momento Kairos.

Tecnología con Alma

Cuando integras **IA + Kairos + Zentia**, sucede esto:

- Ahorras horas, no humanidad.
- Escalas impacto, no ego.
- Ganas libertad, no simple eficiencia.

Automatizar ya no es huir del trabajo,
es diseñar la vida para que el trabajo gire en torno a tu propósito.

Inspiración

Imagina tu mente como un director de orquesta.
Cada herramienta digital es un instrumento dispuesto a obedecer tu batuta.
La audiencia no vino a ver violines aislados;
vino a experimentar la **sinfonía que solo tú puedes dirigir**.

Dirige con conciencia.
Ejecuta con propósito.
Y deja que la IA toque la partitura que tu visión compone.

En el Módulo 7 descubrirás cómo se ve un mundo que ejecuta una danza perfecta al ritmo de tu energía, visión y estrategia.

PARTE III

Arquitectura del Ecosistema Inteligente

No se trata de tener sistemas complejos, sino un organismo vivo que respira contigo.

En esta parte, **materializarás todo lo cultivado hasta ahora**: Energía, propósito, decisiones estratégicas y tecnologías conscientes
se organizan ahora en una arquitectura práctica y potente.

Kairos ya vive en tu mente.
Zentia habita en tu corazón.
Ahora toca construir un ecosistema
que refleje ambos.

MÓDULO 7 – Visualiza tu Ecosistema Inteligente

Introducción

Has afinado tu energía (Módulo 1),
tu percepción del momento perfecto (Módulo 2),
tu conciencia profunda (Módulo 3),
tu riqueza interna (Módulo 4),
tu presencia silenciosa (Módulo 5)
y tu alianza consciente con la tecnología (Módulo 6).

Ahora toca **darle forma visible a todo eso**.

¿Qué es un Ecosistema Inteligente?

Es un sistema donde cada componente cumple una función vital y **todas dialogan entre sí**.

No es tener "muchas herramientas".
Es tener **las mínimas necesarias**, bien sincronizadas, que:

- Automatizan sin deshumanizar
- Escalan sin agotarte
- Delegan sin perder identidad
- Sostienen tu energía y propósito

Tu ecosistema ideal te representa incluso cuando tú no estás presente.

Mapa de Flujo Consciente

1. **Imagina tu día ideal.**
   ¿Qué haces? ¿Qué ya no quieres volver a hacer?

2. **Dibuja tu ecosistema.**
   Coloca cada componente en su lugar natural.
   Usa círculos, flechas o cajas. No necesitas ser diseñador: solo ser claro.

3. **Detecta las fugas.**
   Marca en rojo lo que hoy depende 100 % de ti.
   Pregúntate:

   - ¿Esto puede automatizarse?
   - ¿Esto puede delegarse?
   - ¿Esto puede eliminarse?

4. **Elige un desbloqueo.**
   Selecciona **una acción** esta semana:

   - Automatizar
   - Delegar
   - Eliminar

5. **Escribe tu mantra:**
   "Construyo un sistema que expande mi energía y protege mi paz."

Reflexión Kairos

Un sistema brillante **no es el más complejo**.
Es el que te **devuelve tiempo para crear, amar y contemplar**.

Cuando cada pieza respira al ritmo de tu propósito,
tu negocio se vuelve un río:
fluye sin que tengas que empujarlo.

Inspiración Final

No necesitas construir una fábrica de procesos.
Necesitas diseñar **un hábitat estratégico** para tu creatividad y servicio.

Este módulo es el primero que convierte visión en plano.
En el siguiente, encenderás la luz sobre **dónde estás hoy**
para medir exactamente qué piezas faltan y cuáles sobran.

Próximo Paso

Has visualizado el plano ideal.
Ahora, toca contrastarlo con la realidad presente.
Lo que sigue es un diagnóstico brutalmente honesto, sin juicio, para que tu crecimiento tenga dirección clara.

MÓDULO 8 – Diagnóstico
Kairos: ¿Dónde Estás Hoy?

Reconoce tu punto de partida y elige tu siguiente salto de expansión.

Introducción

Antes de pisar el acelerador, necesitas encender las luces.
Automatizar un negocio en penumbra solo multiplica el desorden.

Este módulo es un espejo estratégico:
te muestra tu realidad sin maquillaje, sin juicio y sin drama,
para que puedas actuar con precisión Kairos.

La claridad no te limita; te posiciona.
Cuando sabes dónde estás, cada paso deja de ser un experimento y se convierte en una jugada maestra.

Encendiendo la Luz: El Porqué del Diagnóstico

- **Detecta fugas de energía y dinero** antes de invertir en herramientas.
- **Distingue prioridades de distracciones:** no todo lo urgente es importante.
- **Define métricas de verdad (no likes, no ego)** para medir tu progreso.

Sin diagnóstico, la tecnología es un disfraz costoso.
Con diagnóstico, es un traje a la medida.

Los Tres Arquetipos Kairos

Tu negocio (y tu mente) transita una de estas etapas predominantes.
Identificarlas con honestidad **te da poder real.**

1. EXPLORADOR

Señales:
- Tienes muchas ideas, pero pocas acciones concluidas.
- No tienes un flujo de ventas constante.
- Te cuesta priorizar herramientas o tareas.

Foco estratégico:
- Enfocar oferta
- Probar sin miedo
- Captar retroalimentación real

Peligro: Perderte en el perfeccionismo o el auto-sabotaje.

2. OPERADOR

Señales:
- Tienes ingresos, pero estás atrapado en la operación.
- Haces "todo" y no te alcanza el día.
- El negocio depende 100 % de ti.

Foco estratégico:
- Sistematizar
- Delegar
- Automatizar lo repetitivo

Peligro: Quemarte sin crecer.

3. VISIONARIO

Señales:

- Tu sistema genera resultados sin tu presencia constante.
- Te concentras en decisiones clave y en crear futuro.
- Tienes espacio mental, claridad financiera y un equipo funcional.

Foco estratégico:

- Escalar sin perder alma
- Innovar con intención
- Expandir influencia

Peligro: Desalinearte si no actualizas tus valores.

Nota Kairos:
No hay arquetipo "mejor". Cada etapa contiene su propio oro.
El juego es avanzar con consciencia, no competir por trofeos invisibles.

Bitácora de Realidad
(Ejercicio Práctico)

1. **Escribe tu arquetipo dominante.**
   ¿Por qué te identificas con él?

2. **Lista 3 logros de los últimos 90 días.**
   Celebra tu evidencia de poder.

3. **Enumera 3 cuellos de botella que hoy frenan tu expansión.**
   Sé brutalmente honesto.

4. **Define una microdecisión Kairos (≤ 30 min)**
   que puedas ejecutar esta semana para moverte un cuadrante hacia adelante.

Guarda esta bitácora.
Se convertirá en tu línea de referencia
cuando midas cada avance.

Reflexión Zentia

Tu valor no se mide en métricas externas, sino en autoverdad.

Mirarte con claridad es un acto de amor propio y liderazgo:

- Te libera de la comparación.
- Te muestra que el mapa nunca es derrota, es ruta.
- Te recuerda que la expansión empieza adentro, y luego se dibuja afuera.

Inspiración

"**El Explorador sueña, el Operador construye, el Visionario trasciende.**
Todos habitan en ti y tú eliges quién toma el timón."

La honestidad estratégica es la puerta del poder.
Cada vez que te diagnosticas con valentía,
el universo entero colabora para tu siguiente salto.

Próximo Módulo

Ahora que conoces tu coordenada exacta, es momento de dibujar el plano maestro que convertirá tu intención en estructura viva.

MÓDULO 9 – Blueprint: Construye tu Sistema Paso a Paso

Del sueño arquitectónico a la ejecución impecable.

Introducción

Llegaste al umbral donde la visión se vuelve plano
y el deseo se vuelve diseño.

Hasta aquí has cultivado energía, conciencia y estrategia.
Ahora es momento de **materializar**.

Un sistema inteligente no aparece por arte de magia:
se dibuja con intención, se construye con paciencia
y se orquesta con decisiones que honran tu propósito.

Imagina a un maestro arquitecto extendiendo el pergamino de su obra maestra:
cada línea anticipa la armonía final.
Tu Blueprint Kairos es ese pergamino.

Sabes que la grandeza no está en levantar muros a toda prisa,
sino en alinear cimientos, vigas y espacios
para que tu negocio **respire contigo, no a tu costa.**

Regla Kairos #9
Antes de levantar la primera pared, asegúrate de haber dibujado
la puerta de tu libertad.

Escalamiento Sostenible

Objetivo: crecer con estabilidad, mejorar sin quemarte y ampliar tu impacto con elegancia.

Acciones clave:

- Implementa paneles de control en tiempo real (KPI de ventas, feedback, energía).
- Reinvierte un porcentaje fijo en innovación y bienestar personal.
- Duplica lo que funciona, elimina lo que estorba, celebra cada iteración.
- Haz de tu negocio un laboratorio: prueba, mide, aprende, mejora.

Aquí ya no "trabajas más". Diseñas mejor. Escalas con intención.

EJERCICIO – Traza tu Blueprint Personal

1. **Ubícate:** ¿En qué fase te encuentras hoy con honestidad?
2. **Enumera pendientes críticos para completar esta fase:**
   Máximo cinco. Sé concreto.
3. **Designa una acción de 48 horas** que mueva la aguja.
4. **Formula tu compromiso escrito:**
   "Mi sistema ya está en construcción.
   Cada decisión me acerca a la libertad con inteligencia aplicada."

Coloca esta frase en tu espacio de trabajo.
Es tu recordatorio diario de que cada ladrillo cuenta.

Perspectiva Zentia

La prisa es el enemigo silencioso del arquitecto.

Construir con alma significa agendar pausas para respirar, corregir y sentir el pulso de tu creación.

Recuerda: los cimientos más sólidos incluyen
ritmos humanos, momentos de silencio y espacio para la contemplación.

Inspiración

No levantas un imperio apilando horas:
lo levantas alineando **propósito, energía y estructura**.

Tu Blueprint Kairos es más que un mapa;
es un acto de valentía estratégica.

*Obsérvalo, afínalo y avanza con la certeza
de que cada trazo acercará tu negocio
a la libertad expansiva que has venido a reclamar.*

MÓDULO 10 – Las Herramientas No Son el Negocio

La visión dirige. La tecnología acompaña.

Introducción

En la era del "nuevo software indispensable cada semana", es fácil confundir **brillo con avance**.

Kairos te invita a recordar una verdad simple y poderosa:

Ninguna plataforma sustituye la claridad.

Las grandes construcciones no nacen de catálogos de apps, sino de mentes enfocadas y sistemas alineados con el propósito.

La Trampa del Exceso Tecnológico

Cuando coleccionas herramientas sin propósito:

- Pierdes tiempo aprendiendo funciones que jamás aplicas.
- Inviertes dinero en licencias que no resuelven tu prioridad.
- Fragmentas tu energía entre sistemas desconectados.
- Y crees falsamente que aún "no estás listo" porque no dominas la última tendencia.

Resultado: dependencia externa y parálisis interna.

Recordatorio Kairos:
La herramienta veloz no arregla una estrategia difusa.

Principio Kairos

Primero la claridad, después la herramienta.

Antes de integrar algo nuevo, pregúntate:

- ¿Qué problema real resuelve?
- ¿Encaja en mi flujo o me obliga a rediseñarme para servirle?
- ¿Puedo medir su impacto de forma sencilla?
- ¿Alinea mis resultados con mi propósito o solo me entretiene?

Si no hay respuestas contundentes, la respuesta es:
NO… por ahora.

EJERCICIO – Auditoría de tu Entorno Digital

1. Lista todas las plataformas que tocaste en los últimos 6 meses.
2. Subraya las que usas semanalmente **y** generan resultados concretos.
3. **Depura:**
   Archiva, cancela o elimina el resto.
4. Elige **una sola herramienta** que será tu "nodo central" esta semana.
   Domínala al 100 %.
5. Declara tu enfoque:
   "Menos apps, más impacto.
   Hoy mi negocio se apoya en _____
   porque resuelve _____."

Perspectiva Zentia

La herramienta es externa. Tu poder es interno.

La tecnología amplifica lo que ya existe en tu conciencia.

- Si tu propósito es confuso, amplificará confusión.
- Si tu visión es cristalina, multiplicará resultados.

Inspiración

**El martillo no construye la casa.
Lo hace el arquitecto con una visión inquebrantable.**

No necesitas más licencias. Necesitas más foco.
No te defines por la app que usas, sino por la intención que sostienes.

Afina tu estrategia, honra tu energía
y deja que la tecnología sea solo **una extensión silenciosa de tu genialidad.**

Próximo Módulo

Ya tienes claro **qué herramientas SÍ** y cuáles NO.
Ahora toca llevar tu mensaje al mundo,
sin ruido, sin saturación, con poder y conexión real.

MÓDULO 11 – Difusión Estratégica: Del Mensaje al Movimiento

Comunica con intención, conecta con propósito, crece con alineación.

Introducción

No basta con tener un producto extraordinario ni con haber diseñado un sistema elegante.
Si nadie escucha tu voz, tu impacto se evapora.

La difusión estratégica convierte tu visión en un latido viral: un mensaje que **resuena**, **emociona** y **se replica**.

Kairos entiende que no necesitas gritar en todas partes.
Necesitas susurrar lo correcto al oído indicado, **en el instante perfecto.**

¿Qué es Difusión Estratégica?

Es la ciencia de llevar tu esencia a las personas adecuadas, activando emoción y acción de forma orgánica o automatizada, sin tener que explicarlo todo, todo el tiempo.

No comunicas para vender.
Comunicas para **crear conexión**.
De esa conexión nacen clientes, aliados y oportunidades.

Tres Principios Kairos de Comunicación

1. **Coherencia por encima de presencia.**
   Es mejor ser tú en 2 canales que imitar a todos en 10.

2. **Valor antes que visibilidad.**
   Lo que transforma a tu audiencia **te transforma en autoridad**.

3. **Ritmo propio por encima de algoritmos.**
   Si tu sistema te asfixia, **tu mensaje pierde alma**.

Elige tus Canales con Sabiduría

No necesitas dominar todas las redes.
Necesitas diseñar **un puente sólido** entre tu esencia y tu audiencia.

Microbrújula de Canales

- ¿Dónde se siente más natural expresarte? (escrito, voz, video)
- ¿Dónde ya tienes atención orgánica o relaciones latentes?
- ¿Dónde está tu cliente ideal, en modo "escucha" más que "distracción"?
- ¿Qué canal puedes sostener con mínimo esfuerzo y máxima autenticidad?

Regla Kairos:
Domina dos canales, consolídalos
y solo entonces expande.

EJERCICIO – Tu Sistema de Difusión

1. **Emoción núcleo:**
 ¿Qué quieres que la gente **sienta** al descubrirte?
 (Confianza, inspiración, claridad, calma, deseo, etc.)

2. **Canal magnético:**
 Elige **el medio** que mejor refleja tu energía y la de tu cliente ideal.

3. **Sostenibilidad:**
 Define el **formato de contenido** que podrías sostener por 6 meses sin quemarte.

4. **Automatiza con intención:**
 ¿Qué parte del flujo puedes delegar o agendar?
 (Ej. secuencias, calendario editorial, edición, reposteos)

5. **Escribe y repite este mantra Kairos:**
 "Mi mensaje llega con claridad,
 conecta con propósito
 y crece con estrategia."

Estructura Básica de una Comunicación Kairos

1. **Entrada sensorial:**
   Una imagen, palabra o escena que abra el cuerpo.

2. **Mensaje núcleo:**
   Una verdad clara, sencilla, potente.

3. **Puente emocional:**
   Conexión real con un deseo, miedo o visión del lector.

4. **Llamado Kairos:**
   Acción mínima con sentido máximo.
   (Responder, comentar, agendar, reflexionar, compartir)

Perspectiva Zentia

No persigas likes vacíos.
Comparte desde lo real, lo útil y lo valioso.

La validación externa es ruido.
La coherencia interna es poder.

> Cuando comunicas desde auténtica presencia,
> creas comunidad, no solo audiencia.

Inspiración

"No necesitas ser el más ruidoso para liderar; necesitas ser el más certero."

Un mensaje auténtico, lanzado en el momento Kairos,
puede desencadenar un movimiento que trasciende campañas y algoritmos.

Afina tu voz.
Honra tu propósito.
Y deja que la difusión estratégica sea **el eco natural de tu genialidad.**

Ya dominas la difusión.
El paso siguiente es **elevar tu pensamiento:**
anticipar como maestro, no reaccionar como pieza.

MÓDULO 12 – Pensar como Ajedrecista, No como Peón

Anticipa, elige con visión y ejecuta con propósito.

Introducción

El tablero del emprendimiento se llena cada día con piezas que corren sin estrategia,
movidas por la urgencia, el algoritmo y la presión externa.

Quien se limita a reaccionar, juega con las reglas de otros.
Quien diseña las jugadas, escribe su propia partida.

Este módulo es tu llave para dejar de ser peón
y convertirte en arquitecto del juego:
el estratega que ve cinco movimientos adelante
y decide desde la calma, no desde la prisa.

1. La Mirada que Domina el Tablero

- **Visión ampliada:**
 Un ajedrecista Kairos no ve solo el "ahora",
 observa el ecosistema completo: mercado, equipo, energía, timing.

- **Sacrificios conscientes:**
 A veces cedes una pieza (tiempo, recurso, cliente)
 para ganar posición y libertad futura.

- **Movimiento con propósito:**
 Cada acción responde a la pregunta:
 ¿hacia qué futuro empuja esta decisión?

- **Paciencia fértil:**
 No mover es, a veces, la jugada maestra.
 La pausa crea espacio para la oportunidad perfecta.

2. Principios Estratégicos Kairos

- **No reacciones, revela patrón.**
 No todo lo que ocurre merece tu atención.
 Observa tres veces antes de actuar una.

- **Mide por expansión, no solo por urgencia.**
 Hay actividades que no brillan hoy, pero construyen libertad mañana.

- **No apiles tareas; alinea jugadas.**
 Cada acción debe acercarte a un escenario superior, no solo llenar tu agenda.

- **Diseña salidas antes que entradas.**
 Cada nuevo proyecto debe tener una fecha de desapego y evaluación.

3. Modelo Mental Kairos – Tres Niveles de Decisión

1. **Acción:**
   ¿Qué hago hoy?

2. **Intención:**
   ¿Para qué lo hago?

3. **Estrategia:**
   ¿Cómo esta acción se conecta con el todo?

Regla Kairos #12:
El poder real no está en moverse más,
sino en mover lo que desbloquea el resto del tablero.

4. EJERCICIO – La Jugada Extendida

1. Elige una decisión pendiente que consideres crítica.
 (Lanzar algo, contratar, delegar, cerrar un proyecto…)
2. Escribe rápidamente dos escenarios:
 ◦ Mover ahora
 ◦ Esperar
3. Para cada escenario, proyecta:
 ◦ **+3 semanas:** ¿Qué cambia en tu flujo o bienestar?
 ◦ **+3 meses:** ¿Cómo afecta a tus clientes, finanzas o visión?
 ◦ **+3 años:** ¿Te acerca o te aleja del ecosistema que soñaste?
4. Marca con un ✓ la ruta que **maximiza propósito y minimiza desgaste**.
5. Formula tu compromiso:
 "Elijo actuar como ajedrecista:
 cada jugada honra mi visión abundante y mi energía creativa."

Inspiración

El tablero te pertenece.
Cada pieza representa tu tiempo, tu mensaje, tu equipo y tu energía.

Quien domina el arte de esperar,
de anticipar y de mover con propósito,
crea un juego donde la victoria no es azar:
es sincronía.

Recuerda:
El silencio es tu aliado.
La claridad, tu espada.
Y la paciencia, tu escudo.

No ganes por cantidad de movimientos,
sino por la **elegancia de cada uno.**

Próximo Paso

Has alineado estrategia, comunicación y decisiones de largo plazo.
Ahora toca integrar todo eso desde un lugar más profundo:

No se trata de hacer más, sino de ser más.

PARTE IV

Integración y Despegue

Has construido el sistema. Ahora, encárnalo.

MÓDULO 13 – Ser Más, No Hacer Más

La verdadera riqueza no es saturación. La verdadera libertad no es solo tiempo. El verdadero éxito es presencia.

Introducción

Has recorrido un camino profundo.
Has afinado tu radar estratégico, depurado tu energía, diseñado sistemas sostenibles y escalado con propósito.

Ahora la pregunta deja de ser:
"¿Qué hago?"
y se transforma en:
"¿Quién soy mientras lo hago?"

Porque el verdadero negocio eres tú.
Tu claridad. Tu coherencia.
Tu capacidad de habitar cada instante sin fracturarte entre urgencias.

A partir de aquí, toda expansión externa **deberá corresponder** a una expansión interna equivalente.

Principio Kairos – De la Acción al Ser

- **Acción consciente**
 → cuidar tu energía para que cada movimiento lleve tu firma.

- **Presencia expandida**
 → permitir que el sistema funcione sin que tu esencia se diluya.

- **Libertad integrada**
 → elegir proyectos, clientes y ritmos que honren tu verdad.

Cuando la ecuación "hacer = valer" se desmantela,
descubres que **tu valor precede a cualquier tarea.**

Entonces, automatizar ya no es huir de lo incómodo,
sino liberar espacio para tu genio creativo.

Zentia – El Corazón que Sostiene la Estrategia

Zentia entra en escena para recordarte:
la eficiencia sin significado es vacío bien organizado.

Antes de aceptar un nuevo cliente, implementar otra herramienta o abrir un nuevo frente, hazte tres preguntas trascendentes:

1. ¿Nutre mi paz?
2. ¿Multiplica mi impacto auténtico?
3. ¿Respeta mi ritmo humano y el de mi equipo?

Si una respuesta es "no", la oportunidad es disfraz.
Déjala pasar.

EJERCICIO – Integración Total

1. Cierra los ojos.
   Respira profundo hasta sentir el latido de tu propio tempo.

2. Visualiza tu vida ideal dentro de cinco años:
   - ¿Cómo se mueve tu mañana?
   - ¿Dónde está tu foco?
   - ¿Qué conversaciones llenan tu agenda?

3. Regresa al presente y dibuja dos columnas:
   - **CONSERVO:**
     Personas, hábitos y proyectos que alinean con esa visión.
   - **SUELTO:**
     Todo lo que drena energía o distrae tu propósito.

4. Decide una **microacción** hoy para potenciar lo que conservas y liberar lo que sueltas.

Agéndala en tu calendario como un compromiso sagrado.

Mantra de integración:
"Mi sistema amplifica quien soy.
Mi grandeza ya no depende de cuánto hago,
sino de cuánta presencia vierto en cada paso."

Visión Estratégica – Ser el Diseñador del Juego

- **Menos piezas, más maestría:**
 Un ajedrecista no colecciona fichas: domina el tablero con intención.
- **Ritmo natural > ritmo impuesto:**
 La prisa ajena no determina tu cadencia; tu brújula interna sí.
- **Salida elegante:**
 Todo proyecto —incluso el exitoso— debe incluir un plan de desapego para evitar que tu identidad quede atrapada en él.

Inspiración

No viniste a este mundo para llenar listas interminables, sino para encarnar tu genio en cada latido.

Recuerda:

- La tecnología es eco de tu claridad.
- El sistema es espejo de tu conciencia.
- La riqueza es el resultado inevitable de una vida vivida con propósito innegociable.

Que cada amanecer te encuentre más liviano, más sabio y más disponible para lo que realmente importa.

Que tu negocio sea el río que corre, no la presa que estanca.

Que tu nombre se convierta en sinónimo de visión, integridad y expansión.

MÓDULO 14 – ¿Y Ahora Qué?

Eres la pluma que escribe el próximo capítulo.

1. El Umbral de la Libertad

Llegaste al último módulo de esta bitácora,
pero no al final de tu viaje.

Kairos te entregó herramientas.
Zentia encendió tu conciencia.
Tu sistema se diseñó con alma, ciencia y propósito.

Ahora el conocimiento ya no te pertenece solo a ti.
Te pertenece en la medida en que **lo vives**.
Este es el verdadero umbral: **crear sin pedir permiso**.

2. El Lienzo Está Vivo

Todo lo aprendido aquí es una semilla.
Necesita tu voz, tu ritmo, tu esencia natural.

Siente

Usa tus sentidos como radares:
la brisa, los colores, los sabores.
Ahí está la fuente de innovación real.

Imagina

Las corrientes cerebrales se expanden
cuando conjugas datos con asombro.
Camina al amanecer con una pregunta en la mente…
y deja que las ideas salgan de su escondite.

Materializa

Convierte inspiración en prototipo rápido:
una página, una llamada, un boceto, un audio.

Acción mínima + Intención máxima = Despegue Kairos.

3. Reescribe tus Propias Reglas

Selecciona **tres principios** de esta guía que vibran contigo.

Ahora:

- Fúndelos con tu estilo personal (visual, auditivo, sensorial, analítico).
- Declara una **regla inédita** que complemente tu ecosistema. Esa será tu **firma estratégica**.

Ejemplo: "Mi sistema evoluciona al ritmo de mi autenticidad."
Ejemplo: "Cada automatización honra un valor humano."

4. Ecología Personal: Naturaleza × Negocio

La verdadera expansión respeta los **ciclos vivos**.
Tu negocio es una extensión de tu biología, no su opuesto.

Integra:

- **Ritmos circadianos:**
  Planifica tus tareas de alta creatividad en horas pico naturales.
- **Micro-pausas verdes:**
  Cinco minutos diarios de contacto con plantas, luz solar o silencio.
- **Energía circular:**
  Todo recurso que entra (tiempo, capital, conocimiento) debe salir transformado en valor para tu comunidad o tu entorno.

5. Ritual de Expansión Infinita

1. Respira profundo 14 veces.
   Siente el latido de tu proyecto.

2. Escribe una pregunta que te mantenga despierto:
   "¿Cómo puedo servir con más elegancia hoy?"

3. Acciona una idea en menos de 14 minutos:
   - Llama a alguien.
   - Escribe el borrador de una publicación.
   - Automatiza una tarea pequeña.
   - Delega un pendiente.

4. Celebra con un gesto natural:
   - Caminar descalzo.
   - Mirar el cielo.
   - Abrazar un árbol.
   - Poner música que te devuelva al cuerpo.

Ancla neuroemocional: el éxito también es biológico.

Inspiración Final

La bitácora termina.
Tu narrativa recién comienza.

Kairos te acompañó hasta la puerta.
El resto del terreno es **tu oportunidad** de diseñar territorio propio.

Donde otros ven fronteras, tú verás capítulos sin numerar.

Eres arquitecto del momento perfecto
y guardián de la conciencia que lo habita.

Adelante, creador.

Kairos no es un instante. Es tu nuevo ritmo de vida.
Ahora tienes:

- Claridad para decidir.
- Energía para ejecutar.
- Tecnología como aliada.
- Y conciencia para sostenerlo todo desde tu centro.

No solo construiste un sistema.
Diseñaste una nueva forma de operar.

Tu tablero está en tus manos.
Las piezas están en posición.
El momento… es ahora.

¡Felicitaciones!

Has completado **El Arte de Kairos**.
Una bitácora, un mapa y un manifiesto de expansión con alma.

Si lo deseas, puedes continuar con:

- Comunidades Kairos
- Mentorías estratégicas
- Consultorías personalizadas
- Laboratorios de reinvención colectiva

El próximo movimiento es tuyo.

Epílogo del Autor

Una voz, muchas experiencias. Una bitácora, muchas verdades.

Esta bitácora no pretende ser una doctrina.
No es un mapa infalible.
Tampoco es la única forma de construir un negocio o una vida con sentido.

Es una perspectiva.

Una recopilación de aprendizajes, errores, revelaciones y hallazgos que emergieron de muchas historias entrelazadas:
la mía, la de mis clientes, colegas, maestros, mentores,
y también la de quienes, en silencio, me enseñaron con su ejemplo.

Es la voz de una experiencia colectiva, traducida en palabras.
No como una verdad absoluta,
sino como una posibilidad entre muchas.

Todo lo que has leído aquí está vivo.
Nació de la intención de liberar a las personas del agotamiento,
de reconectarlas con su energía esencial
y de ofrecer herramientas concretas para construir un sistema con alma.

No es perfecto.
Ni busca serlo.

Es un puente.
Un compás.
Una invitación a diseñar desde el centro, no desde la urgencia.

Si alguna idea de este libro **te ayudó a ver con más claridad**,
si alguna herramienta **te ahorró una hora de caos**,
si algún ejercicio **te devolvió a ti mismo**,
entonces esta obra ya ha cumplido su propósito.

Y si algo no resonó,
te invito a soltarlo sin culpa.
Cada quien tiene su propio Kairos.
Y eso está bien.

Gracias por haber caminado estas páginas con presencia.
Gracias por atreverte a cuestionar tu ritmo, tus reglas y tus estructuras.
Gracias por recordarme incluso sin saberlo que el verdadero progreso no es más velocidad,
sino más coherencia.

Ojalá esta bitácora te acompañe
como una brújula silenciosa en los días clave,
como una chispa en tus momentos de expansión,
y como un espejo cuando necesites regresar a ti.

Tu visión y tu alma dicen al unísono:
"Ahora sí."

Con respeto, gratitud y visión,
Esteban Frias Ladewig

Agradecimientos

Esta bitácora no fue escrita en soledad.
Se tejió en los márgenes de muchas vidas, en madrugadas de duda y claridad, en pausas conscientes y decisiones valientes.
Cada palabra aquí respira gracias al sostén invisible de quienes caminaron a mi lado mientras yo construía este mapa.

A mi **pareja**, que no solo estuvo, sino que **sostuvo**.
Gracias por ser tierra cuando dudé, impulso cuando soñé, y pausa cuando lo urgente quiso ganar.
Tu mirada, tu fe tranquila, tu manera de cuidar lo invisible, está en cada página, aunque nadie más lo sepa.

A mi **familia**, raíz de toda presencia.
Gracias por ser mi primera red, mi primera escuela de energía, mi punto de regreso y mi base indestructible.
Gracias por amarme también en los momentos donde yo me perdía de mí.

A mis **amigos**, gracias por ser faros y refugio. Por las preguntas honestas, los silencios que acompañan y los cafés donde todo se ordena. Por recordarme que crecer no es dejar de compartir, sino hacerlo con más verdad.

A mis **socios y aliados de propósito**, gracias por sumar visión sin perder el alma. Por co-crear sin miedo al error. Por enseñarme que construir sistemas inteligentes solo tiene sentido si también nos volvemos más humanos en el proceso.

A quienes leyeron esto con el corazón abierto,
gracias por permitir que estas palabras se conviertan en camino.
Por hacer de esta bitácora algo más que teoría: un acto vivo de diseño interior.

Y gracias a la **vida**,
por enseñarme que el instante perfecto no se programa...
se escucha.

Que lo que hayas activado en estas páginas
siga creciendo con tu voz, tu energía y tu compás…

Gracias.

Made in the USA
Coppell, TX
21 January 2026

68846862R00052